yitiK ülkE yaYınLArı

Yitik Ülke Yayınları • Genel Dizi – 18 • Şiir – 11
Uzaklara Atılmış Bir Kedi Hüznü • Kenan Yücel
Genel Yayın Yönetmeni: **Kadir Aydemir**
Kapak Tasarımı: **Savaş Çekiç** • İç Tasarım: **Şendoğan Yazıcı**
Baskıya Hazırlık: **SCTA** © Yitik Ülke Yayınları • ISBN: 978-9944-493-18-5
1. Baskı Nisan 2007
Baskı: **Ayhan Matbaası** Yüzyıl Mah. Matbaacılar Sit. 5. Cad. No: 47
Bağcılar-İstanbul **t/f:** 0212 629 01 65
Yitik Ülke Yayınları Cağaloğlu Yokuşu, Ergüç Han, No: 5/8 Eminönü - İstanbul
t/f: 0212 528 67 31 **w:** www.yitikulkeyayinlari.com e: yitikulke@gmail.com

Kenan Yücel, 18 Mayıs 1974'de Bursa'da doğdu. İlk, orta ve lise öğrenimini Bursa'da tamamladı. Marmara Üniversitesi Hukuk Fakültesini bitirdi (2001). Hukuk danışmanlığı yapıyor. Şiiri ilk olarak Başka Şiir Dergisi'nde okurlarla buluştu. İnsancıl, Varlık, Şiir Ülkesi dergilerinde şiirleri yayımlandı. 2004 yılında katıldığı Arkadaş Z. Özger Şiir Ödülü'nde seçici kurulca adı anılanlar arasında yer aldı. "Uzaklara Atılmış Bir Kedi Hüznü" ilk şiir kitabı.

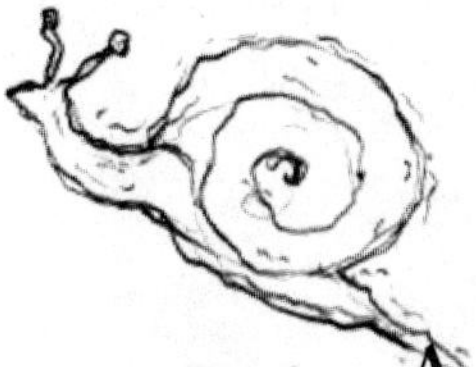

Uzaklara Atılmış Bir Kedi Hüznü

Kenan Yücel

Şiir

Düşleri sökülmüş günlerin şapkasından
hep umutlar çıkaranlara...

7 Şubat 2008
Kadıköy

Sevgili Mehmet Yılmaz'a,
şiir kayığında keyifli
yolculuklar dileyerek, sevgiyle...

Kenan Yücel

ANILAR BAHÇESİ

yüreğim yangın

Cantekin Yılmaz'a

şehrin bacaları tütüyor göğe
Mona Lisa gülüşü kuşanmış aşklar
karda ayak izleri, pür neşe

balıkçılar salınıyor kayıklarında
ayık kafayla çekilir mi bu dünya
şarapla yıkıyoruz kederimizi

üzülme ince çocuk üzülme
karşılık bulamayan aşklar da güzel
elma elma diye bağırıyoruz

su baygın, paltomuza
sarhoş balıklar vuruyor
denize şiir çalmış olmalı birileri

ah keman sesleri tane tane kar
rüzgârın ıslığı içli sokaklar
ve geçip giden bir beyaz gemi

sisler çökmüş üstüne
anılarımın, şimdi o şehir uzak
yüreğim yangın; belleğim:

anılar bahçesinin hüzünlü bahçıvanı

imgelem kuşağı

Tekin Aslan'a

gözlerinden görülmüştür şiir
gelir pembeleşmiş yanaklarıyla
süngüleri düşer yalnızlığımın

gül görmüş şairler voltalar yüreğimde
deliririm sevinçten
ki deliliğin bacakları uzundur
üç sıçrayışta geçerim **Sırat Şiirleri**'nden

çok mu mürekkep yaladım nedir
engin bir mavilikle akıyor dilim
ne zaman oturup şöyle bir silkelensem
dökülüyor sayfanın ortasına dizelerim

ne çok ustam oldu müzmin çırağım
ustalarım güzel de ben niye çirkin
ne'm varsa soyundum yollara düştüm

ey bana kitaplar gönderen dostum
bütün yaprakları bastım yarama
başımı dizelerine yasladım şiirlerin
başka türlü nasıl şair olurdum
imgelemkuşağının altından geçtim

iki kıyı

Fulya Ayata'ya

çat kapı geldin
kondu avucuma
üç kanatlı güvercin

baktım bir sevgi denizi
birbirine sokulmuş
iki kıyı, bir gemi

Kadıköy-Beşiktaş vapurunda seninle
sabahtan akşama gidip gelmek, ah
bu teklife nasıl hayır diyebilirim

ama bir sorun var yıllarım uzun
vapurlar bekler mi şehir bekler mi
bakarsın belki ben gelemem kuzum

sen şimdilik şiirler oku
güvertelerde, benim için
martılara simit ısmarla

unutma, sevgi denizinin iki kıyısıyız
aramızda kağıttan gemiler gibi
durmadan gidip gelsin mektuplarımız

kıyılarımız her gün biraz daha sokulsun birbirine

tertemiz

arnavut kaldırımı sokaklardan geçiyorduk
kapı önlerinde ortancalar, türlü kokular
bahçesine kaçan topları bıçakla parçalayan
insanlar vardı, güneş görmemiş yanları
bilmiyordu bir çocuğun sevinçlerini, hiç
çocuk olmamışlardı -nasıl olur demeyin-
hiç şiir düşmemişti paylarına, doğru
dizgin sevişmemişlerdi körlere öykünerek.

yürüyorduk, kime adres sorsak farklı bir yön
bulamıyorduk işte kendimizin yolunu
cebimizdeki son meteliği denize atıp tertemiz
düşlere dalıyorduk. yağmurlardan yağmurlara
görünen salyangozlar gibiydik, birkaç şiir
okuyup çekiliyorduk içimize, aşka bileniyorduk.
geceleri yakamozlar devşirirken kadınların
çözülen düğümlerinden, yakamıza kuş takıyorduk.

hep bir sürpriz tadı gizliydi yaşananlarda
bir şarkı olup geçiyorduk hayatın ayasından.

görüldü

Gökçeçiçek Ayata'ya

Gökçeçiçek kardeşim
tükenmez bir özlemle
çizmiş resmimizi;
incecik iki insan...
martılarla yarışıyor
mutluluğun notaları.
denizi solumuza almışız
-deniz solda güzel-
aydınlık bir günde
el ele yürüyoruz.
yer, Kadıköy sahili
zaman, gelecek zaman.

boyumu öyle uzun çizmiş ki
saçlarım ha değdi ha değecek güneşe
uzun olmasına uzunum ya ırmaklar gibi
altı üstü bir insanım şuncacık
gözünde o kadar büyütmese sevgiyle.

gelecek bir zamanda Kadıköy sahilinde
lay lay lom yürürken mutlu ve özgür
görülmüşüz, ben mührün yalancısıyım.

dansın coğrafyasında

Zübeyde Çopur'a

atlası açıyorum önüme
dansın coğrafyasında tanıdık
bir yüz, aşka adanmış
adımlarını uyarlıyor düşlerine
-bu bakış hüznüne ne çok yakışmış
bu hüzün tangoya ne çok-
elleri uçuşan iki kuştüyü
yüreği aşkbozuğu...
adının ilk harfini andıran
bir kırıklık
geziniyor suretinde
hurufileri anımsıyorum:
adının ilk harfi ki
tam hüZün'ün orta yerinde.

gözleri doğma büyüme hülyalı
zarafeti şiirin imbiğinden süzülme.

sancı

biz seninle bir zamanlar bir
aşkı paylaşmıştık bir
sevinci bir
evi: evliliği değil
belki bir evcilik oyununu.
komşumuzdu Kediciğer, sevgisiz domuz
neymiş, kediyle ciğer yan yana durur muymuş
kim kediydi kim ciğer, ontolojik sorumuz.
komşular komşu değil hafiye:
Mike Hammer'lar Komiser Columbo'lar
Bekçi Murtaza'lar, Meraklı Melahat'lar
her katta bir kapı aralanır
bir çift göz sıçrardı üstümüze
iki göz evimize koşardık
iki hüzün iki çeşme.

yataklardı sevdamızın başkenti
öpüşsek yataklara düşerdik
dereceler çatlardı ateşimizden
öpüşürdük öpüşürdük
çok üşürdük öpüşmesek.
allı güllü perdeler okşardı gölgemizi
eski bir kasetçalar
Louis Armstrong çalardı hamurumuza
uçardık da biz aşktan
gelemezdik kendimize
sevişmeler bahçesinde buluşur
bir gülüşü işlerdik gecenin gergefine.

bana aşktan, bana senden ne kaldı
kimsesiz bir çocuğun şiirindeki sancı.

i z

rakkaseler dans eder, atlar koşar
ceylanlar su içerdi duvar halılarında.
cer'yanların kesildiği köy akşamları
gaz lambası ışığında saz çalardı
babam, annemin sevdiği
türküler söylerdi, ışırdı dünya.
belikleri güzelliğe salıncak
ablamın yalınayak sesinde
koşardı cıvıl cıvıl şarkılar
neşemize kimse yetişemezdi...
şimdi ne zaman elektrik kesilse
gelir usul usul dokunur o anılar

parmak izleri kalır kalbimin kuşevinde.

Göbeğimiz Bir Kesilmiş Hüzünle

zemheri

I.
önce ezip çiğnediler bizi günlerce
yıllanmaya bıraktılar galiba şimdi

II.
solgun tenlerimiz solusun diye kış güneşini
ip gibi diziliyoruz avlunun güneş değen yerine

III.
yatıp kalkıp duvarlara uyanıyorum
aydıkça yanıyorum sensizliğime
esmerliğim bundan, sessizliğim de

IV.
burada doğmadık
biliyorum burada büyümedik
ama öyle bir his işte nedensiz
sanki biz hiç dışarıyı görmedik

V.
elbet var bu duvarların ötesi
günü gelince dünya
soyunur duvardan elbisesini

VI.
al beni albenili düş
sal beni ötelere

VII.
kafesinden bırakılan kuş şaşkınlığında
                                        tahliyesi gelen
kalanlar ha yağdı ha yağacak bir bulut

VIII.
ne yana gitsem hep buradayım
hasretim arta kalan neresi varsa

IX.
sen yoksun ya yanımda
adını zemheri koydum buranın

üşüyen

yıllardır dinliyorum
kalbimin uzayını
ölü yıldızlar, kara-
sevda inleyişleri

kötü bir terzi yanlış biçmiş kumaşımızı

içimize doğan gök-
adasal yalnızlıklar
üşüyen gül, çarpan-
larına ayrılan sevi

göbeğimiz bir kesilmiş hüzünle

çan çalıyorum

canıma türkü çağırıyorum, canım çok yalnız kaldı.

bir örümceğim var sabrı öğrendiğim, sessizliği
bekliyor ağların ortasında; ara sıra bungee jumping
yaptığı da görülüyor ranzadan

bir salyangozum vardı beslediğim, hüzün hüzüne
baka baka mı çoğalıyor ne, o da içine kapandı;
yağmurlu günlerde görüşüyoruz.

bir çiçeğim eksik müzmin yalnızlığımdan
ah keşke tutuklanıp gelse bir çiçek
düşlere yardım ve yataklıktan.

canıma türkü çağırıyorum, canım çok yalnız kaldı.

insanlar ner'de?

bir örümcek sessizliği örüyor kalbimin kuytusunda...

çan çalıyorum!

şiir kayığı

koğuş. birbirine bakan ranzalar
altlı üstlü yatan alt üst olmuş
hayatlar. pencere, hafifçe aralık,
henüz yaz. bir duvar ve demir
soğuğu işlemiş bakışlara. nem.
ne'miz eksik, romantizmal ağrılarımız
bile var. rüzgâr, görüşüme gelmiş açık
pencereden, heybesinde kokular:
biraz deniz, biraz toprak ve bahar.
bir arı, bütün çiçekleri dolaşmış,
gelmiş ayağının çiçektozuyla,
en güzeli pembe bir güldü, diyor,
cama çarpıyor kendini öldüresiye.
bir örümcek ağlarını onarıyor, belki de
ağlarını uzaklarda balıkçılar.
geç kalmış bir horoz sesi. kuşluk.
ben burada bir dağ gibi yatıyorum
eğnimde uzun yıllar...
günlerin hırçın dalgaları durmadan
hırpalarken gövdemi, yüreğim şiir
kayığında yolculuklara çıkar. gülümse:

batmaz şiir kayığı dünyanın pisliğine.

acıortay

kaleme kâğıda darılmış herkes
kimse mektup göndermiyor kimseye
e-mailler, cep telefonları, sms mesaj
söz uçarken, hızın anaforunda
kaybolan yazı, artan yabancılaşma...
hohlayarak ısıtmaya çalışırken ellerini
dert yanıyor satışlardan kartpostalcı teyze
ezilgen yüreğimde postal acısı.
pullar da yavaş yavaş kalkıyor tedavülden
birine bir mektup gelse şaşıyor herkes
postacılar çantalarında
durmadan kabaran faturalar taşıyor
bak postacı geliyor, herkes kaçıyor!

post-acılar dönemini bekliyoruz sevgilim
azatla kalbinin tüm kuşlarını
bir bir bana gönder, beni dile
ey benim yedi tepeli sancım, seni
sevdalı mektuplar dindirir dindirirse:

mektuplar acıortayıdır hapisteki insanın.

anıların çizdiği yerden

avuç avuç hüzünlerle yıkıyorum yüzümü
demli bir şiir dolduruyorum ince belli yalnızlığıma
kırıldıkça kendini onaran buğulu ayna
taşırıyor azmaktaki gözyaşlarımı

ah benim susuşlarla örselenen sevincim

şakağıma dayıyorum hüznümü
tetikleniyor ömrümün en kıyıcı depremi
yıkılırken dostluğun kâğıttan kuleleri
gözlerimi siliyorum yüzümden

anıların çizdiği yerden kanıyor bileklerim

herkesin yalnızlığı kendine

sesimden mi tanıdın yine Hamide
sesin bir serçe gibi sekiyor ahizede
iyiyim, sağol, ya sen nasılsın?
evet, günlerdir burada da yağış var
severim yağmurları çığlık atacak kadar.
demek üşüyorsunuz orada
oysa sesiniz sıcak, hiç titremiyor
yine de inanıyorum üşüdüğünüze
yalnızlıktandır...
ne diyeyim, aşk uyruklu bir yıldız
düşüversin gönlünüze, ısınırsınız.
ben bir tutukluyum Hamide
biliyorsun vaktim dar
-yoksa uzun uzun laflardık seninle-
inan, bir aşkı çoğaltmaya yetmiyor dakikalar
sonra hoşçakalsız kesiliyor görüşme
kalbimde uğultular...
hadi, sen de iyi bak kendine,
bana sevgilimi bağla Hamide.

telefonda bir müzik eşliğinde beklerken sevgilimi
anlıyorum: herkesin yalnızlığı kendine...

irikara

güneş turuncu bir jeton
gibi düştüğünde sabaha
müzik kutusu mudur nedir şu horoz
hemencecik başlıyor uzun uzun ötmeye
aklığını yitiriyor deniz, ağlara takılan
bir mürekkepbalığının göz yaşları mı, ağır
ağır mavileşiyor, göğün maviliğinde
sere serpe bir bulut kanatlarıyla sevişiyor
bir serçenin. ayvalar ne kadar sarı,
günler nasıl kederli. ben yıllardır
voltaların acemisi, kafam gözüm
yarılıyor duvarlara toslamaktan
yine de yarılanmıyor yol, uygun adım
yerinde sayıyor zaman.
önüm arkam, sağım solum şiir
arasam saklı kendimi buluyorum
şiirliyorum durmadan
arayan ben, aranan ben
durup durup anılara sığınıyorum
şiir kaç şair tut da oynuyorum ara sıra
kendimin ellerinden tutuyorum da
gül(ü)veremiyorum kendime:

aynataşı kadar yalnızım kurumuş çeşmelerin
gözlerimde irikara hüzünler

kırmızı

bir kedi geziniyor piyanonun tuşlarında
ner'deyim? nasıl da uzuyor gölgem, ellerim
değiyor çocukluğuma, kuşlar kalkıyor
can evimden, bir telaş, bir telaş
-oysa bana kalmalı değil miydi sevinçlerim-
peş peşe patlayan bir tüfek, gürültülü
kiminiz yaralı kuşlarım kiminiz ölü
-bu avcı kim, bu avcı kimin dölü-
titriyor mum alevi
ölüyor ışık ve gölge
tütüyor
is
gecede bir piyanist hüznü
                elleri olmayan

ve odanın ortasında kesik bir el
kırmızılar doğuruyor durmadan

mevsimi güzdür takvimlerin

gitmiştir herkes
kurumuştur saksıdaki begonya
bir bakış kalmıştır geriye
balıkların oynaştığı yüz
fıskiye bir gülümseyiş

solgun fotoğraflarda

derin

bir sessizlik kalmıştır

gitmiştir herkes
mevsimi güzdür takvimlerin

elmarmut

sarılırdın
teninde tarçın kokan bir salep sıcaklığı

hayata sarılmak gibiydi

gözlerin, o duru ve berrak ırmak
bir çocuk üzerinde yıldızlar sektirirdi

güne bir delilikle başlayalım diyorduk
yolları eğip büküyorduk kollarımızla
denize akabilsin diye tüm sokaklar
gündelik tüm dertlerin uzağında

şemsiyesiz ne kadar da güzeldin o çılgın yağmurlarda

elma dersem öp
armut dersem unut
bizden gayrı ne varsa

sen boğaz'dan geçip giden gemileri say
ben gözlerinde yüzen sarhoş bir balık olayım

yokluğunda başımı yaslıyorum mektuplarına

geldiğimde
bana bağışladığın yüreğinin doğusundan
her sabah yeni bir aşkla doğacağım sana

seni özlediğime sakın inanma !

elmarmut !

mağlup

ölüm düşmüş bakışlarına
halkalanmış göz altları
gemidir geçip gitmiştir
ömür, alnında dalgaları

özlüyor gençliğini, kambur
bir gövde dişsiz bir ağız
yaşayan bir sokakta, sanki
hiç yaşamamış bir kadıncağız

tarazlanmış örtü, eprik hırka, ağarmış saçlar suskun
"**geldim, gördüm, yenildim**" diyor gözleri Pera

cila

duraklardan şehrin yorgunlarını toplayan
bir otobüs ağırlığıyla çökerken akşam
kadehlerde yüzdürelim yıllanmış yalnızlığımızı
varsın seğirsin hüznüm, kırılırım, aldırma
yalın bir dil edinelim şarabın suskunluğundan

bak bizi bir güz yaprağına döndürdüler
şimdi hangi rüzgâra bıraksak kendimizi
Ayrılık Çeşme Sokağı'na savruluruz, elimizde fener
sokakları dört döneriz de Diyojence, kapalıdır
yürek telefonları, kimselere ulaşamaz ruhumuz

şişenin dibini gördük, plak sustu, sandalyeler bir bir masa üstüne
ne yapsak imanım, provasız bir ölüm mü sahnelesek kendimize

garson, bir kadeh siyanür lütfen!

bir cila çekelim şu yorgun ömrümüze...

gerekçe

çomak soktum arı kovanlarına
dünyaya durmadan sorular sordum
kara kollarından geçtim yurdumun
sallandım filistin askılarında
yuvasından düşmüş bir kuş yavrusuydum
ölmedim ve ötmedim sorgu adalarında

yağmurlarda yundum
herkesten sakladım gözyaşlarımı
kadınlara soyundum çiçekli odalarda
ilgilerini esirgemediler benden
seviştim, onlarda avuttum yalnızlığımı

erkenden uyudum akşamları, uslu çocuktum
uyandım gün uyanınca, sabahlara vurgundum
çok nadirdir geceyle gündüzü birbirine teyellediğim
gecemi gündüzüme kattım da kitaplar için
rakıya su, güne yalan katmadım
usul usul ve sek içtim hayatı
kahkahalarımın şık güvercin taklası
belki bundandır

nicedir bir gerekçe arıyordum intiharıma
bulsaydım öldürürdüm kendimi, bulamadım
büyük adımlarla yürüdüm ölümün üzerine:
al-dım
          ver-dim
                    ben seni
                              yen-dim!

aslında bir gerekçe buldum da
ben sana doyamadım ey hayat
varsın yakışıklı olmasın cesedim de

tay tay

yaşamın yakasına iliştirilmiş
bir güldür ölüm
bir gün herkese açar
kapılarını,
boşlukta yankılanan
tik takları saatin
ona çalışır.

bir türlü yürümeyi öğrenemedin
tay bile duramadın hayatın ayasında
flamingo bacaklı bir ömür istedin, bir gülüş
takamadın yüzünün askısına; yoruldun.
şimdi yaşamın yakasında ellerin:
gülünü koklayıp düşsen mi yakasından
yoksa flamingo bacaklı bir ömür için
yürümeyi denesen mi yeniden?

haydi Kenancım, tay tay!
yirmi üç kasım şinanay nay!

uğultu

dört yanı demirlerle çevrili adam
yüzüğünde taşıyor ağusunu
usulca süzülürken avluya
gözlerinde göçmen bir kuş yorgunluğu

kamburunda uğultusu ölü uçurtmaların

salyangoz gibi

ağır ağır yürüyorum
şehvetle tutunarak hayata
sırtımda taşıyorum ölümümü
gidersem hoşçakalın dostlarım
üzmeyin kendinizi
arayan olursa -söylersiniz-
şiirimden bulsun beni:

ardımda bıraktığım parıltılı izlerden

bilmesin

yok ki kimsem, yalnızım
ne yana adım atsam
uçurum: terk edildim
kalbim bir kevgir şimdi
hayatı taşıyamıyor

oysa ne çok terk edildim
aşığa bağışıklık kâr etmiyor
daraldım, gönlümü siz kötürüm
işte yine aynı his, bittim ben, öldüm
öldüm ama yaşıyor
taklidi yapıyorum, pandomim
maksat sayım eksik çıkmasın

ünye mapushane**sinde öldüğümüzü**
kimse bilmesin.

Uykusuz Irmak

iğnenin deliğinde gökyüzü

I.

ağır postallarıyla geçiyor zaman
alnımın çatısında kiremitler çatırdıyor
köşeli şarkılar söylüyor ayna
günlerim bir bir sürülürken ömrümden
değişiyor sınırlarım
gençliğimse artık yer almıyor nümayişlerde

ellerimle yokluyorum ömrümü
çocukluğum çalınmış gözlerimden
kırk kilit vurulmuş kapılarıma
oysa cirit atıyor kırk haramiler
ruhunu yitirmiş sokaklarda

II.
Aksaray: aksayan hayalleriyle fahişeler
hayalet gibi geçiyorlar hayatın kıyısından
Moda sahillerine otobanlar yürüyor
bütçesi daraldıkça
daralıyor halkın göğsü: doğru orantı
oysa üç yanlışa bir doğru bile düşmüyor bu ülkede
bir zeytin üç kerede dişleniyor sofralarda
üçüncü sayfalara sığmıyor cinayet haberleri
doğar doğmaz kundaklanan düşleriyle çocuklar
yoksullar çıkmazında öpüyorlar acılarını
adımlarında eylülden kalma bir agorafobi

krizlerde gecekondu aşklar çöküyor gürpedek
'depremde ilkönce yıkılır!' tabelası
hâlâ asılmazken kamu binalarına
devlet yatılısında çocuklar yatıya kalıyorlar ölüme
sürüyor yağma ve talan, yağma ve talan

şimdi halkın bilincinde
yansa neon lambalar:
"devrim ezilenlerin şölenidir"

ve başlasa beklenen o karnaval

III.
duvarlar uzuyor mu kısaltırken ömrümü
-ayna, ne kadar kederli sesin-
demirden dişleriyle pencere
durmadan kemiriyor mavi göğümü
akasyalar çiçek açmış diyorlar
neden içerde aksıyor bahar
saklanıyor iğnenin deliğinde gökyüzü

derin yarıklar doğuran alnım
aldırma aynaların köşeli şarkısına
o narin ellerin ılıklığını anımsa, avun
yağmurlu gecelerde tek bir tren bile
uğramazmış garıma, uğramasın
ben yine de mektuplarımı her gün
kırmızı bir gül gibi atmalıyım karıma
ıssızlığa ıslık çalmalıyım hiç sızlanmadan

IV.

ey zorba asır
ki kanlı bir kurşunsun insanlığın usunda
yağmalatmam sana düşlerimi, uslanmıyorum
yıllandıkça gencelen şairler gibi
şiirimin bas tonuna yaslanıyorum.

uykusuz ırmak

yatağı değişmiş bir ırmağız uykusuz
çatır çatır çatlarken sabırtaşları
bir yalvacın sabrını kuşandık biz
tılsımdı sırtımızda kurşun delikli parka
şöyle deliksiz bir uyku görmedi gözlerimiz

bağışlayın yorgunuz uzak çağlardan geldik
solgun sayfalarda biledik usumuzu
hep umutlar çıkardık
düşleri sökülmüş günlerin şapkasından
nedense karşılık göremedik sevgimize

aşkın denektaşında sınadık ruhumuzu
başımızı vurdukça taşlara köpürdük öfkeden
aktık bir sola hep sola kıvrılarak
kanımız döküldü de
dökülecek bir deniz bulamadık kendimize

ah benim ülkem

çok katlı bir hastane önü

uzuyor bir incelik gibi sedyede adam
kalın çizgilerle çiziyor hayatın anlamını
incelmiş parmakları sakallarında dolaşıyor

bileklerinde ağır zincirler, ah benim ülkem

ateşi görmüş hem çok dövülmüş
çok sular içmiş açlık günlerinde
iradesi çelikten -belki bu yüzden-

silahların gölgesinde, ah benim ülkem

bir bir vuruyorlar hayatın kıyısına
-morluklar sökülmüş bir serumdan-
toplumsal vicdan: sivri köşeli kaya

kimdir kanayan, ah benim ülkem

tabutlar geçiyor caddelerden, içinde
bir deri bir kemik ölüm oruççuları
-anlıyorum tabutların hafifliğinden-

analar yemenilerinin ucuyla siliyorlar gözyaşlarını

yavrularını yiyen bir timsaha
dönüştü ülkem ve dökmüyor
bir damla gözyaşı bile

çürüyen nedir, ah benim ülkem

şimdi hep birlikte eller havaya
çılgınca alkışlayalım kendimizi
-alışmadık mı katilleri alkışlamaya-

katil ve maktul, ah benim ülkem

çıkmaz

iki ucu keskin bıçaklar girdi düşüme, çıkmaz
sokaklarda bir deli yağmur. kadın bir jokey
rahvan geçti yanımdan, elleri kaybolmuştu
bir aşkın yelelerinde. yağmurun çırılçıplak
atına bindim. insan bir arayış değil midir kardeşlerim
arıyordum işte neyi aradığımı bilmeden,
toprağın kokusunda bir davet sezinledim. hüzün
yumağıyla oynarken ezilen bir kedinin yol ortası
ölümüne kimseler aldırmıyordu. şairlerin
perdeleri kapalıydı, algıları sonsuz açık.
camları tırmalayan boğanak, titreyen mum,
çevrilen sayfaların hışırtısı, ıslanan kuş sesleri.

iki ucu keskin bıçaklar girdi düşüme, çelik
kafeslerde küçük insanlar. labirentler içinde
koştum, içimde sürekli büyüyen bir ürperti.
bütün yollar kafeslere çıkıyordu, herkes
kendi kilidini kendisi vuruyordu üstüne.
gözleri, kalpleri, dilleri mühürlüydü.
kimse duymadı göğüs kafesinde kuş-
kular besleyen bir çocuğun
"anne, bak, herkes tutsak!" dediğini.
bir anne, bir çocuk ve ben, kanıyorduk.
bir devlet kurşunu mu konmuştu başımıza,
kanıyorduk, günler ve gecelerce yağmurlar yağdı.

şimdi bir çan sesi gibi uzuyor tutsaklığım
güzümde yorgun bir yaprak kımıltısı

intiharp

düpedüz bir intiharp bu diyordum
yağmur yağıyor seller akıyordu gözümden
arap kızı beyazcamdan bakıyor
utanın, diye haykırıyordu, utanın!
sustu içimin tüm çalgıları
yalnız bir keman sesi, adacyo.

onurunu eleyip yüreğini dara asanlar
işgal orduları size neleri anımsatır
kurşun uçar barış geçmez coğrafyalarda
ölen ölür kalan sağlar sağ mıdır

lütfen böylesine umarsız bakmayınız
kardeşlerim, tehlike anında zincirleri kırınız!
                    dik
                    olsun
                    diye
                    başımız
dünyaya mazlumların gözlerinden akınız!

başlangıç

bağrıma aşk bastım, hüznüm traşlı
bağırdım, dağların ardına düştüm
taşralı bir sessizliği çapraz kuşanan
kirpiklerimi kuş sanan gözlerim
kaç güz gördü, nice sırattan geçti
taşıdım sırtımda kimsesiz bir sevdayı

uzayıp giden devrimin yolu
buralardan geçecekmiş diyorlar
bekliyorum
kaşların yerinden oynamasını
ülkümü ayakta söylüyorum
sesimde bir intifada tınısı
tarihin sonlu olduğu yalan
bir taş atsam havaya
düşeceği yeri biliyor işte

dünya gayya kuyusunda, kalbim külbe-i ahzan
sözlüğümün sarı gömleğini okşuyorum
öpüyorum gözlerimi kanatlarından:

yeniden görmekle başlayacak her şey!

ıssızlık

gelirler görüşçüler, giderler
nedir ki iki saat tutkulu aşıklara
bir de bakarsınız dürter düdükler
düdüksüz zamanları özlersiniz
özlersiniz gardiyansız, jandarmasız
zamanları, siz zaten bunun için
değil mi iki gözüm, siz zaten bunun için...
buradaydınız. nedir ki iki saat, giderler...

gelirler görüşçüler, giderler
oyun çağı elinden alınmış bir çocuk
gözleriyle yunup arınır dünyayı
kalbiniz bir kadınla yol alır uzaklara
aklığından utanan incitilmiş bir masum
uzaklara atılmış bir kedi hüznü
gezinir koynunuzda... ruhunuzda
trenler yolculamış bir istasyon ıssızlığı.

düş

duru akan bir su
uyuyor yatağında
ne sis ne karanlık

dalıyorum
gümüş bir ay, pembe
çığlıklarla akıyor bedenimden

dilimde ay tozları

diriliş

Mehmet Nazik'e

yaktım kalbimin kör köşesini
yürüdüm aşksayarak
uyu ey pamuk şehir henüz prens gelmedi
ben yedi tepende yedi kez cüce
alnı parmaklıklarda bir parmak çocuk
asma kilit kapıların ardında az mı bekledim
kahve ısmarlayıp kendime yağmurları
ıslandım çok ıslandım gönül kapılarında
leb demeden **demir bir leblebiydi aşk**
çiğnedim de yutamadım bunca çiğliği
düşlerimin dökülmesi bundandır
dizeleri çığlığıydı diyeler bunu bileler
çığlar altında kaldım kalbim kar sessizliği
uyu ey pamuk şehir henüz yağmur içimde
hangi sevdaya konsam bir kuş tedirginliği
kurumuş bir çiçek nasıl dirilir, dirilir işte

rüzgârlara fısıldayan bir çocukla dost oldum.

ay şahidimdir

ay ışığında ayak sesleri

kadının adımları peronda sustu
puslu öpüşlerin konup kalktığı
kiraz dallarıydı dudakları lâl
bakışları demli bir çay gibi buruk
oysa gülümsese çıldırır gece
adamın gözlerini yıldızlar basar

ay ışığında baykuş sesleri

kadının boynunun eğiminde
ayrılığı gördü puhu kuşu
yanlış yataklara akan ırmağı
kederle öttü

ay ışığında ray sesleri

camda bir alın, evlerin
akışkan ışıklarıyla sarhoş
garda bir adam
içbükey aynalarda yalnız
saklısında ellerini ısıttığı şiir

ay ışığında silah sesleri

deniz duruldu, anı
sürüleri telaşla yüzdü
sönümlendi yakamoz
gecede yalnızların iç çekişleri
kiraz dallarında titreyişler

hüzünlü bir keman sesidir ölüm
ay şahidimdir

ay ışığında keman sesleri.

balon

susuyorlar

denizin dalgaları susmuyor
ne şehir ne martılar

iki çay lütfen!
çaydaki şeker mi eriyor, zaman
kaçırılan bakışlar

eskiden...

çayda çıra oynuyor anılar
aşka çırak olduğumuz günlerdi
diye düşünüyor adam
çıra gibi yanıyor
sisli bir İstanbul sabahı
kadının gözleri

susuyorlar

sönen bir balon mu uçup gidiyor, aşk.

aşkkıran

morunu yitirmişti ebemkuşağı

kadın
dönüp dönüp ardına bakıyordu
bir çocuk gibi
koşarken
aklı şeytan uçurtmasında kalan

ip çoktan kopmuştu oysa

omzunun morluğunu okşadı parmakları

bir karadelikte kayboldu tren
kadını hiç kimse öpmedi karanlıkta

her aşk rahminde taşıdığı acıyı
ikiz doğuruyordu son nefesinde

aşkkıran yazının sonlarıydı

soğuk

bu kuşlar ne yer ne içer
soğuk
gecede kar
bir gemi geçer
düdüğü uzar
ben kendimi ararım
darmadağın bulurum
bir el toplar usulca
fırlatır çatılara
kuşlara ekmek içi
canımın içi
acılar kumkuması...

bilirim, yıkanılmaz
aynı aşkta iki kez.

kurum

kutsal aile kurumuna yağmış mart
karı, koca yalnızlıklar daracık odalarda
sessizlik korkunç, TV ne iyi icat
izlenmese de açık kalsın bütün gün
ah yansın dünya, belki küllerinden aşk
hayatlarımız ne güzeldi eskiden, yaz
kış kimseleri üşütmezdi geceler
sevişmeler yorgunu çıplak bedenler
aşkın yorganına sarınırdı.
ah yansın dünya!

aşkın gözü kördür açılır evlilikte
bir bir ortalığa kirli çamaşırlar
her şeye rengini veren alışkanlık
günden güne zehirler Eros'u
yüzükler döner durur parmaklarda
biter aşk, küçük küçük sorunların kurduğu
zemberek. ansızın boşanır. boğanak
bir ağlayışta erir son kırıntılar
açılır Pandora'nın kutusu sessizliğe
aşk ki en güzel çocuk hiçbir kalıba sığmaz
boğulup öldürülür ev içlerinde.
kutsal aile kuru-
muna yağsın mart karı:

aşkın atardamarları kara kurum bağladı.

kaldı orada

ah benim yerçekimsiz çocukluğum
hiç bilmezdin ölümü
tabancacılık oyunlarındaki kızılderili
ölürdü ölürdü de
yeniden dirilip
dönerdi oynununa
her defasında

Gazi Mahallesi'nde
kurşunlanan bir gencin
üzerine örttüm çocukluğumu
kaldı orada.

du dağı'nın kıyısında

düşündü adam şimdi pembe

yok duvar yok demir yok perde
kocaman pencerenin ardında
gökyüzü, çöpsüz üzüm

şimdi şarabi

ikiz bir ırmaktı keder
du dağı'nın kıyısında
bakışımsız çağlayan

düşündü adam şimdi rengârenk

kuşlar konmuş telörgüye
bulutlar, uçan masal

göğü deliyor bir kırlangıç
duvarı bir gülümseyiş

şimdi zifiri duygusal.

aşk onmaz

Yok, inanmıyorum kim söylediyse. Yılandır.
Eğilir, bükülür, dil çıkarır acıyan yanlarımıza,
tıslar, incitir, ömrümüze dolanır. Onsuz bir
çevrimdir zamanın sonsuz damarlarında.
Ölümdür lümü lümü ley. Ney sesidir yanık.
Gönüllü bir körebe, gözbağını Afrodit bağlamış,
yürür yüreğiyle yoklayarak kıyılarında.
Gözler kollarını açmış uçurum. Kimdir o?
Hayatla birdirbir oynayan fütursuz. Sesinin
rıhtımları yağmurlu. Var mıdır bir bildiği?
Her aşk bir intihardır, bir uçurumun fondiplenişi.
Aslında dip de yoktur. Belki de uçtuğunu sanırsın,
aymaz! Uçmak sevinçli, heyecanlı... Düşmek
korkuludur abime söyleyeyim. Tutunacak dal çoktur.
Kuşkonmaz. Ne kadar derinse o kadar korkunçtur.
Son. Aşk onmaz. İnanmıyorum kim söylediyse.

bir kuşun sesinde

Başka bir şey yoktu. Sadece duvar.
Bir kuşun sesine yerleşiyordum.
Gözlerimi yumuyordum. Güzel mi güzel.
İki kelebek çığlık çığlığa uçuyordu.
Bir salyangoz hızla geçiyordu yanımdan.
Karınca sürüsü hep bir ağızdan: Heyamola!
Rüzgâr ne kadar ezgi varsa toplayıp
kulağıma fısıldıyordu. Hohlayıp hohlayıp
siliyordu gülüşlerimi. Parıl parıl pırıl pırıldım.
Bir kuş kapıyordu beni. Gagasında
dünyayı dolaştırıyor, esrikliğin ortasına
saklıyordu. Sayım gelse eksik çıkardı.
Yelkovan kaçıyor akrep kovalıyordu.
Saçım sakalım uzuyordu. Tırnaklarım.
Giyitlerim tel tel dökülüyordu. Çıplaklık
güzeldi, dünyayla böyle tanışmıştık.
Yine de bir bulutu giyiniyordum, saçıma
bir güvercin teleği. Feleğe giydiriyordum.
Gözlerimi açsam. Başka bir şey yoktu.
Sadece duvar. Bir kuşun sesinde eğleşiyordum.

kim bilir

öp beni uzun uzun
tekrar tekrar öp beni

ağzımda kalsın tadın
kim bilir belki ölüm

Yİtİk Ülke Yayınları

Şiir

Onur Behramoğlu • *Asit ya da İksir*
Göksel Bekmezci • *Gri Hikâyeler*
Yaprak Öz • *Fırtına Günlüğü*
Elif T.D. • *Haz Yaprakları*
Emel İrtem • *Zehirli Rüya*
Mustafa Atapay • *Eski Kalp*
Metin Sefa • *Ay ve İstiridye*
Gökçenur Ç. • *Her Kitabın El Kitabı*
Yeşim Ağaoğlu • *Eflatun Sır*
Kadir Aydemir • *Rüzgârla Saklı*
Kenan Yücel • *Uzaklara Atılmış Bir Kedi Hüznü*
Erkut Tokman • *Bilinmezi Dolaşan Ses*
Şükrü Sever • *Yay ve İpek*
Şeref Bilsel • *Mecnûn Dalı*

Roman

Jak Alguadiş • *Gitmenin Tam Vaktiydi*
H. Zeynep Altan • *Her Kadın Önce Bir Hayaletle Sevişir*
Barış Behramoğlu • *Su Gibi*
Turgay Yılmaz • *Korkak Yiğitler*

Öykü

Haz: Kadir Aydemir • *Cunda Öyküleri*
Kadir Aydemir • *Aşksız Gölgeler*
Ozan Çağım Şiyve • *Göçebe Yazıtları*